EXCEPTIONAL GARDENS

JARDINS EXTRAORDINAIRES

BIJZONDERE TUINEN

EXCEPTIONAL GARDENS

JARDINS EXTRAORDINAIRES

BIJZONDERE TUINEN

BETA-PLUS

TERRA

FOREWORD

This book introduces twelve private country gardens that can be described as "special" for different reasons.

These gardens are firstly special because of the optimal way the landscapers and garden architects have integrated them into the environment in perfect harmony with the surrounding landscape and the architecture of the house.

The maturity of these gardens is another special feature. This often results from the rich history of the site and the ancient trees, but sometimes this maturity is achieved by planting and incorporating fully grown trees and plants in a more recent garden.

Ultimately, what really makes these gardens so special is their owners' enthusiasm and loving attention: without their dedication these designs would have no soul.

Wim Pauwels
Publisher

PREFACE

Cet ouvrage propose de découvrir douze jardins privés situés à la campagne. Chacun de ces jardins présente, pour des raisons différentes, un caractère "hors du commun".

Ces jardins doivent en premier lieu leur particularité à la manière optimale dont les architectes paysagistes les ont intégrés à leur environnement : en parfaite harmonie avec le paysage et avec l'architecture de la maison.

La maturité de ces jardins, elle aussi, est remarquable. Souvent, elle découle de la richesse historique du site et de la présence d'arbres séculaires. Parfois aussi, cette maturité est obtenue par l'intégration d'arbres et de plantes adultes dans un jeune jardin.

Enfin, c'est avant tout à la passion et au dévouement des propriétaires que ces jardins doivent leur spécificité : sans leur intervention, ces projets resteraient sans âme.

Wim Pauwels
Éditeur

VOORWOORD

In dit boek worden twaalf landelijk gelegen privé-tuinen voorgesteld die om verschillende redenen als "bijzonder" kunnen worden gekarakteriseerd.

Deze tuinen zijn in de eerste plaats bijzonder door de optimale wijze waarop ze door de tuin- of landschapsarchitect in de omgeving zijn geïntegreerd: in perfecte harmonie met het omringende landschap en met de architectuur van de woning.

Bijzonder ook is de maturiteit van deze tuinen. Vaak is dit het gevolg van de rijke geschiedenis van de site en de eeuwenoude bomen, soms ook wordt deze maturiteit bereikt door het aanplanten en verwerken van volgroeide bomen en planten in een jongere tuin.

Tenslotte zijn al deze tuinen vooral zo bijzonder door de passie en de liefdevolle instandhouding van de eigenaars: zonder hun toewijding zouden deze ontwerpen zielloos blijven.

Wim Pauwels
Uitgever

CONTENTS

SOMMAIRE

INHOUD

A NEWLY LANDSCAPED GARDEN
AROUND A 17TH-CENTURY COUNTRY HOUSE

UN JARDIN RECRÉÉ
AUTOUR D'UNE PROPRIÉTÉ DU 17E SIÈCLE

NIEUW AANGELEGDE TUIN
ROND EEN 17DE-EEUWS LANDHUIS

Architect *Bernard De Clerck* has completely renovated this house, built in 1642 in traditional brick-and-sandstone style, with its adjacent 19th-century buildings.
The grounds of the estate, which belonged to a large-scale fruit farmer until WWII, have been radically transformed.
The team of *Ballmore* (tree nursery and contractors for the landscaping and restoration of timeless gardens)
reached a perfect symbiosis of the restored country house, the garden and the surrounding landscape.

L'architecte *Bernard De Clerck* a rénové de fond en comble cette bâtisse au style traditionnel en briques et grès construite en 1642 et ses annexes datant du 19e siècle.
Le jardin du domaine qui, jusqu'à la Deuxième Guerre mondiale, appartenait à un grand fruiticulteur, a été entièrement transformé.
L'équipe de *Ballmore* (pépiniériste et créateur-restaurateur de jardins intemporels) a créé, dans le cadre de la restauration,
une symbiose parfaite entre la propriété, le jardin et le paysage environnant.

Een woning gebouwd in 1642 in traditionele bak- en zandsteenstijl met aanpalende 19de-eeuwse gebouwen, werd door architect *Bernard De Clerck* grondig verbouwd.
Ook de tuin van het domein, die tot W.O. II had toebehoord aan een grote fruitkweker, werd op ingrijpende wijze getransformeerd.
Het team van *Ballmore* (boomkwekerij en aannemingsbedrijf voor de aanleg en restauratie van tijdloze tuinen)
bereikte een perfecte symbiose van de restauratie van het landhuis, de tuin en het omringende landschap.

The biggest challenge was to ensure that the newly created garden harmonised with the 17th-century country house. To achieve this, many of the bushes planted were old evergreens, such as box and yew.

The tall, delicate tree in the centre of the photo on page 18 is a newly planted *Gleditsia triacanthos 'Sunburst'* (honey locust). Against the wall on the photo above left are some hydrangeas and a climbing vine *Vitis Boscoop Glory*. Against the back wall (near the lantern) on page 20 a *Wisteria Sinensis Prolific*.

Hydrangea Macrophylla Mariesii Perfecta under the kitchen window; *Hydrangea Macrophylla Lanarth White* near the climbing vine and *Hydrangea Petiolaris* climbing against the wall of the carport.

Le plus grand défi à relever résidait dans la création d'une harmonie entre le nouveau jardin et la propriété du 17e siècle. On a par conséquent planté avant tout des variétés persistantes et anciennes telles que les *Buxus* et *Taxus*.

L'arbre élancé au centre de la photo p. 18 est un *Gleditsia triacanthos "Sunburst"* (faux euphorbe de Madagascar) récemment planté. Sur la photo de gauche ci-dessus, contre le mur, quelques *Hortensias* et une vigne grimpante *Vitis Boscoop Glory*. Contre le mur arrière (près du lanterne) page 20 un *Wisteria Sinensis Prolific*.

En-dessous de la fenêtre de la cuisine un *Hydrangea Macrophylla Mariesii Perfecta*; *Hydrangea Macrophylla Lanarth White* près de la vigne grimpante et *Hydrangea Petiolaris* grimpant contre le mur du carport.

De grootste uitdaging was om de nieuw gecreëerde tuin te laten harmoniëren met het 17de-eeuwse landhuis. Daarom werden vooral oude, groenblijvende struiken zoals *Buxus* en *Taxus* aangeplant.

De lange, ijle boom centraal op de foto p. 18 is een nieuw geplante *Gleditsia triacanthos "Sunburst"* (valse christusdoorn). Tegen de muur op de foto hierboven links enkele *Hortensia's* en een klimmende druivelaar *Vitis Boscoop Glory*. De blauwe regen tegen de achtermuur (aan de lantaarn) pagina 20 is een *Wisteria Sinensis Prolific*. Onder het keukenraam een *Hydrangea Macrophylla Mariesii Perfecta*; *Hydrangea Macrophylla Lanarth White* aan de druivelaar en *Hydrangea Petiolaris* die klimt tegen de muur van de carport.

A "moss-path" in hardened earth amongst the recently planted pear trees, which are between 50 and 70 years old *Doyenné du Comice*.

Un chemin de mousse en terre battue entre les anciens poiriers récemment plantés, âgés de 50 à 70 ans (*Doyenné du Comice*).

Een "mospad" in verharde aarde tussen de recent aangeplante, 50 à 70 jaar oude perelaars *Doyenné du Comice*.

Yorkstone tiles leading to a garden gate. In the centre is a dead cherry tree with a rambler rose *Bobbie James*.

Des dalles *Yorkstone* mènent à un petit portail. Au milieu, un cerisier mort où grimpe la rose *Bobbie James*.

Yorkstone tegels leiden naar een tuinpoortje. Centraal staat een dode kerselaar waarin nu een *Rosa Bobbie James* geleid wordt.

In the centre of the photo is a very old box, which is over two metres high. In front of it stands a *Red Sentinel* ornamental apple tree: the first step towards a new orchard.

Au centre de la photo, un très vieux *buxus* de plus de 2 m de haut. Devant lui, un pommier d'ornement *Red Sentinel* : l'ébauche d'un nouveau verger.

Midden op de foto een zeer oude, meer dan 2 m hoge *Buxus*. Daarvoor een *Red Sentinel* sierappel: de aanzet van een nieuwe boomgaard.

A chestnut-wood fence with *Beurré Durondeau* pear trees behind it, which are around 45 years old.

Derrière une clôture en châtaignier, des poiriers *Beurré Durondeau* âgés de 45 ans environ.

Een kastanjehouten hek met daarachter ca. 45 jaar oude *Beurré Durondeau* perelaars.

Bluestone terrace, separated from the pruned box shrub by a low wall with Tuscan slabs.

Terrasse en pierre bleue, séparée du *buxus* taillé et topiaire par un muret en pierres de Toscane.

Terras in blauwe hardsteen, gescheiden van de *Buxus* in snoeivorm door een muurtje met Toscaanse deksteen.

To the right of the pond stands a glorious, tall lime tree.

À droite du plan d'eau trône un tilleul géant.

Rechts van de waterpartij prijkt een reusachtige linde.

A 'parasol' of old wisteria provides shade on this terrace.
To the extreme right is a collection of large, decades-old
rhododendrons.

Les glycines bleues anciennes (Wisteria), disposées en
"parasol", procurent une zone d'ombre à cette terrasse.
À l'extrême droite, on aperçoit un ensemble de gros
Rhododendrons, âgés de plusieurs dizaines d'années.

Een "parasol"-constructie van oude blauwe regen (Wisteria)
biedt schaduw voor dit terras.
Uiterst rechts een partij grote, decennia-oude
Rhododendrons.

A WOODED GARDEN FULL OF CONTRAST

UN JARDIN RICHE EN CONTRASTES AU MILIEU DES BOIS

EEN CONTRASTRIJKE BOSTUIN

This house is situated in an extensive wooded landscape, made up of oaks, birches, pine trees and rhododendrons, with undergrowth consisting mainly of marram grass.

The site has very clear contours, with hilly ridges, slopes and ponds.

Jan Joris landscaping consultancy from Brasschaat was asked to reshape this unspoilt natural area and the house to create a harmonious whole.

The natural wood forms the backdrop; the people and their living environment are all part of the surrounding nature.

The natural ridges and pond determined the location and the levels of the various buildings.

Wherever you are – inside or outside – you are aware of the contrast between garden and nature.

Cette demeure se trouve au milieu d'un vaste paysage boisé, comprenant des chênes, des bouleaux, des pins, des rhododendrons et une végétation de hautes herbes.

Le relief est nettement accentué par des collines, des pentes et des étangs. C'est au bureau d'études *Jan Joris* de Brasschaat qu'incombait la tâche d'intégrer cette habitation dans la nature environnante. Le bois constitue un univers naturel auquel doivent s'intégrer l'homme et son monde quotidien.

L'emplacement et les niveaux des bâtiments ont été déterminés en fonction des pentes naturelles et du plan d'eau.

Partout – que ce soit à l'intérieur ou à l'extérieur – on est confronté au contraste entre la nature et le jardin.

Deze woning is gelegen in een uitgestrekt boslandschap, bestaande uit eiken, berken, dennen en rhododendron met een ondergroei van vooral helmgrassen.

Het reliëf is zeer uitgesproken, met afwisselend heuvelruggen, glooiingen en vennen.

Het studiebureau *Jan Joris Tuinarchitectuur* uit Brasschaat werd gevraagd om deze ongerepte natuur en woning om te vormen tot één geheel.

Het natuurlijke bos vormt de omkadering en de mens en zijn leefwereld maken deel uit van deze natuur.

Voor de inplanting en de niveau's van de gebouwen zijn de natuurlijke heuvelruggen en het ven bepalend geweest.

Op alle plaatsen – binnen en buiten – beleeft men het contrast tussen natuur en tuin.

One wing of the building is surrounded by a large pond.

Un grand étang entoure une aile du bâtiment.

Een vleugel van het gebouw is omringd door een groot ven.

Winding through the wood, the visitor drives by the pond and across a bridge over a wide canal.

Un chemin sinueux à travers bois mène le visiteur le long de l'étang jusqu'au pont qui enjambe un large ruisseau.

Slingerend door het bos rijdt de bezoeker langsheen het ven over de brug van een brede gracht.

A view of the forecourt from the wood, with the front door of the main building in the centre. The low yew hedges embrace the forecourt and separate the house from the wood.

En sortant du bois, on découvre la cour qui s'étend devant l'habitation avec au centre la porte d'entrée du bâtiment principal. Des haies basses de *Taxus* entourent la cour et des massifs forment une séparation entre l'habitation et le bois.

Zicht vanuit het bos op het voorplein met centraal de voordeur van het hoofdgebouw. De lage hagen van *Taxus* omarmen het voorplein en vormen de scheidingsmassieven van het bos.

On the forecourt, parking spaces have been included amongst the balls of yew.

Dans la cour, des emplacements pour les voitures sont prévus entre les boules de *Taxus*.

Op het voorplein zijn parkeerplaatsen voorzien tussen de *Taxus*bollen door *Jan Joris* zelf gekweekt.

In various spots in the garden a woodland path invites you to explore the wildlife of the wood and the pond.

A différents endroits du jardin, un sentier invite le visiteur à découvrir le bois et l'étang.

Op verschillende plaatsen in de tuin nodigt een boswegje uit om zowel het leven in het bos als in het ven te ontdekken.

>>>

The landscape of the woods is extremely varied. A hilly ridge and a pond were the determining factors for the site where the buildings have been constructed. Nature and greenery separate the buildings; a high garden wall with an orangery behind creates a feeling of unity.

Le lien avec le paysage boisé est très varié. Une pente et un étang ont déterminé l'emplacement des bâtiments. La nature et les plantations séparent les bâtiments. Le haut mur du jardin, derrière lequel se situe l'orangerie, crée l'unité.

De beleving in het boslandschap is zeer uiteenlopend. Een heuvelrug en een ven bepalen de plaats waar de gebouwen ingeplant werden. De natuur en het groen scheiden de gebouwen; een hoge tuinmuur met daarachter een orangerie zorgt voor eenheid.

A sunken garden has been created alongside the gallery of the orangery. This knot garden is concealed behind carefully arranged blocks of yew. The outlines and forms of the box hedges form a contrast with the very distinctive design in the centre of the knot garden.
Roses grow amongst the box shrubs.

Caché par les massifs modulés de *Taxus*, un jardin brodé a été aménagé en contrebas près de la galerie de l'orangerie. Les entrelacs et buis contrastent avec le dessin spécifique du centre. Des roses agrémentent les différents plans formés par le buis.

Aan de orangerie – galerie is een verdiepte tuin aangelegd. Deze broderietuin is verscholen achter gemoduleerde massieven van *Taxus*. De lijnen en vlakken van *Buxus*hagen vormen een contrast met de zeer specifieke tekening in het midden van de broderie.
In de *Buxus*vlakken groeien rozen die de ganse zomer bloemen en geur geven.

The various gardens are bordered by low, wide yew hedges. These sober gardens radiate a feeling of peace and simplicity. A single bush in a group of rhododendrons creates a playful touch. The sunken garden is situated behind the yew hedges.

Les différents jardins sont entourés de haies basses et larges de *Taxus*. Très sobres, ces jardins donnent une impression de tranquillité et de simplicité. Un buisson semble perdu au milieu d'un groupe de *Rhododendrons*, ce qui agrémente le tout d'un accent ludique. Le jardin brodé se trouve derrière les haies de *Taxus*.

De verschillende tuinen zijn omzoomd met lage, brede hagen in *Taxus*. De tuinen zijn sober en stralen rust en eenvoud uit. Een enkele struik in een groep *Rhododendrons* zorgt voor een speelse toets. De verdiepte tuin bevindt zich achter de *Taxus*hagen.

>>>

The garden is an oasis in the wood. The yew and *Prunus* provide security and create a sense of depth when seen from the house. These green shapes do not only give a distinctive look to the façade of the house, but also create balance with the wooded landscape.

Le jardin est une oasis au milieu du bois. Les *Taxus* et *Prunus* assurent intimité et profondeur pour les espaces-vie. Les formes vertes ne confèrent pas seulement une personnalité à la façade, mais créent également un équilibre avec le paysage boisé.

De tuin is een oase in het bos. De *Taxus* en *Prunus* geven geborgenheid en creëren diepte vanuit de leefruimten. De groene vormen geven niet alleen een gezicht aan de gevel maar vormen ook een evenwicht met het boslandschap.

A view from the orangery of the sunken garden and the wood beyond. The pruned *Eleagnus Ebbingei* and *Prunus Iusitanica* were the right choice for this orangery garden. The terrace has been laid in a herringbone pattern.

Vue de l'orangerie sur le jardin aménagé en contrebas avec le bois en arrière-plan. Soigneusement taillés l' *Eleagnus Ebbingei* et le *Prunus Iusitanica* conviennent parfaitement à ce jardin d'orangerie. La terrasse a été dallée à motifs chevrons.

Zicht vanuit de orangerie over de verdiepte tuin naar het achtergelegen bos. De gesnoeide *Eleagnus Ebbingei* en *Prunus Iusitanica* zijn een juiste plantenkeuze in deze orangerietuin. Het terras werd gelegd in visgraatmotief.

The woodland vegetation of marram grass grows right up to the windows of the swimming pool.

Les hautes herbes, qui constituent la végétation du sous-bois, poussent jusqu'aux fenêtres de la piscine.

De bosvegetatie van helmgras groeit tot tegen de ramen van het zwembad.

A deck has been built alongside the sitting area by the pond.

Un caillebotis a été construit entre le salon et l'étang.

Vanuit de zithoek, aansluitend aan het ven, is een vlonder gebouwd.

HARMONY BETWEEN A GARDEN AND THE LANDSCAPE NEAR THE FLEMISH ARDENNES

HARMONIE ENTRE JARDIN ET PAYSAGE, NON LOIN DES ARDENNES FLAMANDES

HARMONIE VAN TUIN EN LANDSCHAP NABIJ DE VLAAMSE ARDENNEN

This garden is situated around an 18th-century farmhouse complex in the immediate surroundings of the Flemish Ardennes.

Garden designer *Vincent Verlinden* incorporated this magnificent landscape into his design, integrating the panoramic views within the garden.

The garden has gradually gained its definitive shape over the years and through successive seasons, always in close consultation with the owners.

Sometimes small changes have been made, sometimes more dramatic ones. In spite of the not insubstantial size of the grounds, this garden is very easy to maintain: there are no flower borders or other labour-intensive features. Three or so pruning sessions a year are sufficient.

The views are of prime importance in this garden designed by *Vincent Verlinden*. The interplay between the formal and the casual and his respect for the existing situation are characteristic features in all of this landscape architect's designs: this project is a striking illustration of his approach.

Ce jardin entoure une ferme en carré du 18e siècle, dans les environs immédiats des Ardennes flamandes.

L'architecte paysagiste *Vincent Verlinden* a incorporé le superbe paysage dans son projet; des perspectives ont été intégrées au jardin.

Au fil des ans et des saisons, ce jardin a acquis peu à peu sa forme définitive, toujours en étroite concertation avec les propriétaires.

On a procédé tantôt à des interventions discrètes, tantôt à des transformations plus radicales. En dépit des importantes dimensions du domaine, ce jardin n'exige que peu d'entretien : on n'y trouve nulle part de massifs de fleurs, ni d'autres éléments nécessitant un travail intensif. Trois tailles par an suffisent.

Dans ce projet paysager de *Vincent Verlinden,* les perspectives jouent un rôle crucial. La réciprocité entre les formes rigides et souples et le respect du site préexistant sont caractéristiques de toutes les créations de cet architecte paysagiste : on en trouve ici une illustration frappante.

Deze tuin is gelegen rondom een gesloten 18de-eeuws hoevecomplex in de onmiddellijke omgeving van de Vlaamse Ardennen.

Tuinarchitect *Vincent Verlinden* verwerkte het prachtige landschap in zijn ontwerp; vergezichten werden in de tuin geïntegreerd.

In de loop der jaren en door de opeenvolging van seizoenen kreeg deze tuin langzamerhand zijn definitieve vormgeving, steeds in nauw overleg met de opdrachtgevers.

Soms werden er kleine, soms meer drastische ingrepen uitgevoerd. Ondanks de niet geringe oppervlakte van het domein, is deze tuin zeer onderhoudsvriendelijk: nergens zijn er bloemenborders of andere arbeidsintensieve elementen. Een drietal snoeibeurten per jaar volstaan.

Perspectieven zijn in dit tuinontwerp van *Vincent Verlinden* van primordiaal belang. De wisselwerking tussen een strakke en losse vormgeving en het respect voor het bestaande zijn kenmerkend voor alle ontwerpen van de tuinarchitect: dit project is daarvan een treffende illustratie.

The gravel path between the fruit trees makes its way towards the house, situated at the end of the mature orchard, which has been supplemented with old varieties.

Le sentier de graviers entre les arbres fruitiers se fraie un chemin vers la maison, sise au bout du verger adulte planté de variétés anciennes.

Het grintpad tussen de fruitbomen baant zich een weg naar de woning, gelegen aan het eind van de volwassen boomgaard die met oude variëteiten werd aangevuld.

A hornbeam (*Carpinus betulus*) hedge has been planted alongside the path in the orchard, emphasising its winding shape.

Une haie de charmes (*Carpinus betulus*) plantée dans le verger, près du sentier, accentue les ondulations.

Een haag uit haagbeuk (*Carpinus betulus*) werd naast het wegje in de boomgaard aangeplant en benadrukt zo de slingerende vormgeving.

The outbuildings have been integrated into the greenery. Oak and Canadian poplars are kept company by box shrubs near the garages.

Les annexes ont été intégrées dans le paysage. Les *Buxus* bordant les étables tiennent compagnie aux chênes et aux peupliers du Canada.

De bijgebouwen werden in het groen geïntegreerd. Eiken en Canadese populieren kregen het gezelschap van *Buxus* tegen de stallingen.

>>>

The cobbled driveway opens into a circle, shaded on either side by walnut trees. The trees and shrubs differ in height, texture and shape; some are evergreen and others are deciduous. The green sculptures created by the compact growth of the plants (*Cotoneaster, Spiraea, Skimmia* and *Lonicera*) contrast with the casual appearance of the ornamental grass *Pennisetum*, the hydrangeas and the yellow flowers of the hypericum.

L'allée en pavés aboutit à un rond-point, aux bords ombragés par des noyers. Les massifs sont composés de variétés à feuilles persistantes ou caduques de différentes hauteurs, textures et tailles. Les sculptures vertes réalisées sur les plantes à croissance compacte (*Cotoneaster, Spiraea, Skimmia* et *Lonicera*) contrastent avec le port étalé des graminées *Pennisetum*, des *Hydrangeas* et *Hypericum* à fleurs jaunes.

De oprijlaan in kasseien mondt uit in een rond punt, zijdelings overschaduwd door notelaars. De beplanting met massieven verschilt in hoogte, textuur en vormsnoei, groenblijvend of bladverliezend. De groene sculpturen verkregen door de compact groeiende planten (*Cotoneaster, Spiraea, Skimmia* en *Lonicera*) contrasteren met de losse groeiwijze van het siergras *Pennisetum*, *Hydrangea's* en geel bloeiende *Hypericum*.

A number of box spheres have been grouped in the inner courtyard in line with the main building. This structured, playful idea has been combined with the more relaxed growth of the *Viburnum tinus* and the fragrant *Choysia ternata*, both which are flowering evergreens.

Plusieurs boules de buis sont réunies dans la cour intérieure, dans l'axe du corps de ferme. Cette intervention structurée et "ludique" s'associe avec le port plus étalé du *Viburnum tinus* et des odorantes *Choysia ternata*, deux espèces persistantes à floraison.

In de as van het hoofdgebouw werden op de binnenkoer verschillende *Buxus*bollen gegroepeerd. Deze gestructureerde, "speelse" inbreng werd gecombineerd met de lossere groeiwijze van *Viburnum tinus* en de geurende *Choysia ternata*, beide bloeiende groenblijvers.

A stately yew hedge separates the entrance and the private section of the farmhouse complex.

Une majestueuse haie de *Taxus* assure la séparation entre l'entrée et la partie privée du complexe fermier.

Een statige *Taxus*haag scheidt inkom en privé-gedeelte van het hoevecomplex.

A view of the courtyard with box plants. Wild creepers (*Parthenocissus*) climb the building: walls of greenery that take on a beautiful colour in the autumn.
In the summer months the *Blue Wave* hydrangeas create a continuous spectacle of colour.

Vue sur la cour plantée de *Buxus*. Sur le mur grimpe une vigne vierge (*Parthenocissus*), qui forme en automne un ensemble végétal d'une superbe couleur.
L'été, les *Hydrangeas Blue Wave* offrent un spectacle ininterrompu haut en couleurs.

Zicht op de binnenkoer met aanplanting van *Buxus*. Tegen de muur klimmen wilde wingerd planten (*Parthenocissus*): vegetale wanden die tijdens de herfst mooi verkleuren.
Tijdens de zomermaanden zorgen *Hydrangea's Blue Wave* voor een continu kleurspektakel.

The yew hedge extends from the outbuildings, ensuring complete privacy. A lawn path runs around the old pond with a hazel in the centre.

La haie de *Taxus* s'étend dans le prolongement des annexes et protège complètement l'intimité des habitants. Un sentier en gazon encercle le vieil étang, planté en son centre d'un noisetier.

De *Taxus*haag vormt het verlengde van de bijgebouwen en biedt volledige privacy. Een gazonpad loopt rond de oude vijver met centraal een hazelaar.

From the inner courtyard there is a view of the swimming pool.
The box plants, the covered space and the swimming pool all lie along the same axis.

Depuis le square, on aperçoit la piscine.
Les *Buxus*, l'espace couvert et la piscine sont disposés dans le même axe.

Vanaf het binnenplein heeft men een doorkijk naar het zwembad.
*Buxus*aanplantingen, overdekte ruimte en zwembad liggen op eenzelfde as.

The pond, with its reeds, *Ligularia* and irises, forms a natural boundary between the orchard and the garden section with the swimming pool.

L'étang planté de roseaux, de *Ligularia* et d'*Iris* forme une séparation naturelle entre le verger et la partie du jardin comprenant la piscine.

De vijver met aanplantingen van riet, *Ligularia* en *Iris*sen vormt een natuurlijke scheiding tussen boomgaard en tuingedeelte met zwembad.

The surrounding landscape is a part of the garden, as is seen here in this view of an old windmill.

Le paysage environnant fait partie du jardin, tout comme ici la vue sur un ancien moulin.

Het omringende landschap maakt deel uit van de tuin, zoals hier het vergezicht op een oude molen.

The garden section with the swimming pool has its own micro-
climate. Its sheltered position and perfect orientation allow the
owners to use the swimming pool until the late autumn. An
arrangement of yew hedges almost completely surrounds the
swimming pool, giving structure to these rural surroundings. In
the summer, *Perovskia* and *Buddleja* provide the necessary accents
of colour.

La partie de jardin accueillant la piscine jouit d'un microclimat.
Grâce à sa situation abritée et son orientation idéale, les habitants
peuvent se baigner jusque tard dans la saison. Une haie de *Taxus*
entourant presque entièrement la piscine apporte de la structure au
cadre rural. En été, les *Perovskia* et *Buddleja* procurent des notes
de couleurs bienvenues.

Het tuingedeelte met het zwembad beschikt over een micro-
klimaat. De beschutte ligging en de perfecte oriëntatie laten de
bewoners toe om tot laat in het najaar te zwemmen. Een
haagstructuur van *Taxus* omringt het zwembad bijna volledig en
zorgt voor structuur in de landelijke omgeving. Tijdens de zomer
zorgen *Perovskia* en *Buddleja* voor de nodige kleuraccenten.

A dining terrace in the courtyard. Lavender and vines create a Mediterranean atmosphere.

La terrasse de la cour fait office de 'salle à manger' extérieure. Les lavandes et les vignes créent une atmosphère méridionale.

Een eetterras op het binnenplein. Lavendel en druivelaar creëren een zuiderse sfeer.

Calm and simplicity, harmonious use of materials and a well-balanced planting scheme. The wooden outer gate has been replaced by a hinged metal window construction, so that contact with the inner courtyard is possible. The wooden gate has been retained on the courtyard side so as to preserve the special character of this space.

Calme et sobriété, harmonie des matériaux et des plantations, équilibre des formes. Le portail en bois à l'extérieur a été remplacé par une structure métallique, afin de maintenir le contact avec la cour intérieure. Sur le côté de la cour, le portail en bois a été conservé pour maintenir le caractère typique de la cour intérieure.

Rust en eenvoud, harmonie van materialen en beplanting in een uitgebalanceerde vormgeving. De houten poort aan de buitenzijde werd vervangen door een metalen opendraaiende raamconstructie, zodat het contact met de binnenkoer mogelijk wordt. Aan de kant van de binnenkoer is de houten poort gebleven om het eigen karakter van het binnenplein te behouden.

The wooden planks run through from the covered area to the space around the swimming pool, connecting the garden with the house.

La clôture en bois s'étend de l'espace couvert aux abords de la piscine et relie ainsi le jardin à la maison.

De houten beplanking loopt door van de overdekte ruimte tot rond het zwembad en verbindt zo de tuin met de woning.

An old holly hedge has been restored to its former glory and sculpted into a new shape. The low yew hedge accentuates the lines of the swimming pool. Contrasts between relaxed and formal shapes can be seen throughout almost the whole garden.

Une ancienne haie de houx a retrouvé ses lettres de noblesse grâce à une taille structurée. La haie basse de *Taxus* accentue les limites de la piscine. On retrouve des contrastes entre les formes souples et rigides partout dans le jardin.

Een oude hulsthaag werd in ere hersteld en kreeg een gesculpteerde vormgeving. Het lage *Taxus*haagje accentueert de belijning van het zwembad. Contrasten tussen losse en strakke vormen zijn zowat overal in deze tuin aanwezig.

Some old oaks and a holly hedge have been included in the garden project. The result demonstrates the harmony between old and new elements.

Quelques vieux chênes et une haie de houx prévus dans ce projet offrent une harmonie entre des éléments nouveaux et anciens.

Enkele oude eiken en een hulsthaag werden opgenomen in het tuinproject. Het resultaat toont de harmonie tussen nieuwe en oude elementen.

>>>
The terrace garden around the swimming pool has partial shade from the old holly hedge. On the other side is a view of the natural pond and the orchard beyond.

Le jardin en terrasse autour de la piscine a trouvé partiellement abri sous la vieille haie de houx. De l'autre côté, on jouit d'une vue sur l'étang naturel et le verger du fond.

De terrastuin rond het zwembad heeft deels beschutting gevonden bij de oude hulsthaag. Aan de overzijde heeft men een zicht op de natuurlijke vijver met de achterliggende boomgaard.

69

NATURAL SURROUNDINGS FOR A FARMHOUSE GARDEN

JARDIN DE FERME DANS UN ENVIRONNEMENT NATUREL

NATUURLIJKE OMGEVING VOOR EEN BOERDERIJTUIN

About six years ago, this historic farmhouse in the countryside outside Bruges,

first mentioned in the sixteenth century, was completely restored.

At the same time, a garden was created out of nothing, which within only a few years has developed an old patina.

Landscape architect *Pieter Ingelaere* opted for a simple design, using old and newly planted box as an evergreen basis.

Il y a six ans, cette ferme historique située à la campagne près de Bruges, a été entièrement restaurée.

Les sources les plus anciennes de la ferme remontent jusqu'au seizième siècle.

Le jardin qui a été créé en même temps semble avoir déjà une vieille patine après quelques années.

L'architecte de jardin *Pieter Ingelaere* a opté pour une structure sobre sur une base verte de *Buxus* jeunes et moins jeunes.

Een zestal jaren geleden werd in de landelijke omgeving rond Brugge een historische boerderij,

waarvan de oudste bronnen dateren uit de zestiende eeuw, volledig gerestaureerd.

Tegelijkertijd werd vanuit het niets een tuin gecreëerd die al na enkele jaren een oude patine lijkt te hebben.

Tuinarchitect *Pieter Ingelaere* opteerde voor een sobere structuur met als wintergroene basis zowel oudere als jong aangeplante *Buxus*.

During the restoration work the courtyard was paved with old Napoleon cobblestones.

Pendant les travaux de restauration, la cour intérieure a été dallée de pavés Napoléon anciens.

Tijdens de restauratiewerken werd de binnenplaats geplaveid met oude Napoleonkasseien.

The drive is lined with pruned box hedges. The pollard willows underline the rural character of this garden design, which is in complete harmony with the restored farmhouse.

L'allée est bordée de petites haies taillées de *Buxus*. Les saules soulignent le caractère rustique de ce jardin qui s'harmonise parfaitement avec la ferme restaurée.

De oprijlaan wordt omzoomd door gesnoeide *Buxus*haagjes. De knotwilgen versterken het landelijke karakter van dit tuinontwerp, volledig in harmonie met de gerestaureerde hoeve.

The former watering place for the horses has been transformed into a pond. Carefully selected water plants create the necessary oxygen.
Figs, rambling roses and hydrangeas climb against the whitewashed front of the house.

L'ancien abreuvoir des chevaux a été transformé en étang. Les plantes aquatiques judicieusement choisies fournissent l'oxygène nécessaire.
Des figuiers, des rosiers et des hortensias grimpent contre la façade chaumée.

De vroegere drenkplaats voor de paarden werd tot vijver omgetoverd. Zorgvuldig gekozen waterplanten zorgen voor de nodige zuurstof.
Tegen de witgekalkte gevel klimmen vijgen, klimrozen en hortensia's.

The entrance door at the rear is surrounded by a *New Dawn* rambling rose. The terrace, made of reclaimed bluestone, is bordered by shaped box shrubs.

Un rosier gripant *New Dawn* pousse autour de la porte située à l'arrière du bâtiment. La terrasse en pierre bleue récupérée est bordée de Buxus taillés.

De toegangsdeur aan de achterzijde is omringd met een *New Dawn* klimroos. Het terras in gerecupereerde blauwe hardsteen is afgeboord met *Buxus* in snoeivorm.

Within only five years, landscape architect *Pieter Ingelaere* has created a timeless, lived-in atmosphere in this typical farmhouse garden.

En cinq ans, l'architecte de jardin *Pieter Ingelaere* a créé une atmosphère authentique et intemporelle dans ce jardin de ferme typique.

In vijf jaar tijd zorgde tuinarchitect *Pieter Ingelaere* voor een doorleefde, tijdloze sfeer in deze typische boerderijtuin.

ARCHITECTURAL AND SCULPTURAL

ARCHITECTURAL ET SCULPTURAL

ARCHITECTURAAL EN SCULPTURAAL

The house in this report was built in 1930, as a residence and guest quarters for the son of *Villers* castle, in the green countryside outside Antwerp.
In 1990 the estate was bought and renovated by the current owners.
With the exception of the old trees, the garden has been completely redesigned and replanted by *Piet Gysel* and *Marc Moris (Groep Moris)*.
The result is a garden very much inspired by architecture and sculpture, created in close collaboration with the owners.

La maison qui fait l'objet de ce reportage a été construite en 1930, en guise d'annexe et de demeure pour le fils du château *Villers*, dans les environs verdoyants d'Anvers.
En 1990, le domaine a été acheté et rénové par ses propriétaires actuels.
À l'exception des arbres d'origine, le jardin a été entièrement réaménagé et replanté par *Piet Gysel* et *Marc Moris (Groupe Moris)*.
Le résultat offre un jardin d'inspiration architecturale et sculpturale très impressionnante, créé en étroite concertation avec les propriétaires.

De woning in deze reportage werd gebouwd in 1930, als bijhuis en logeerplaats voor de zoon van het kasteel *Villers*, in de groene omgeving rond Antwerpen.
In 1990 werd het landgoed gekocht en gerenoveerd door de huidige eigenaars.
Met uitzondering van de oude bomen werd de tuin volledig heringericht en heraangeplant door *Piet Gysel* en *Marc Moris (Groep Moris)*.
Het resultaat toont een sterk architecturaal en sculpturaal geïnspireerde tuin, die ontstond in nauwe samenspraak met de eigenaars.

A dolomite path flanked by hornbeam hedges.
On the left, standing hornbeam.

Un chemin en dolomie bordé de haies de
charme. À gauche, des *Carpinus* tuteurisés.

Een dolomietpad afgeboord met beukhagen.
Links *Carpinus* op stam.

Ivy plants.

Des plants de *Hedera* (lierre).

Aanplantingen van *Hedera*.

Ivy, standing hornbeam and various sorts of *Viburnum*.

Du *Hedera*, des *Carpinus* tuteurisés et différentes variétés de *Viburnum*.

Hedera, *Carpinus* op stam en verschillende soorten *Viburnum*.

The catalpa court with yew hedges, hornbeam and *Gunnera* (to the left in the photo).

Le petit coin planté d'un *Catalpa*, entouré de haies de *Taxus*, de hêtre et, à gauche sur la photo, une *Gunnéra*, rhubarbe géante.

Het *Catalpa*-pleintje met hagen van *Taxus* , beuk en links op de foto *Gunnera*.

Yew, pruned *Spiraea* and *Rhododendron Ponticum*.

Taxus, *Spirea* taillée et *Rhododendron Ponticum*.

Taxus, gesnoeide *Spirea* en *Rhododendron Ponticum*.

Box, hornbeam and *Lonicera Nitida* have been planted close to the herb garden.

Buxus, hêtre et *Lonicera Nitida* ont été plantés tout près du potager.

Buxus, beuk en *Lonicera Nitida* werden aangeplant in de nabije omgeving van de kruidentuin.

>>>
A view from the first floor.
In the background is a tennis court,
surrounded by hornbeam.
Immediately to its right is a yew maze.
Also *Spiraea* and *Viburnum Mariesii*.

Vue du haut du premier étage.
Dans le fond, un terrain de tennis
entouré de hêtres.
À sa droite, un labyrinthe de *Taxus*, suivi
de *Spirea* et de *Viburnum Mariesii*.

Een zicht vanaf de eerste verdieping.
Op de achtergrond een tennisterrein,
omringd door beuk.
Rechts daarnaast een labyrint van *Taxus*.
Verder *Spirea* en *Viburnum Mariesii*.

Sections of box with *Taxus topiaris*, *Viburnum Mariesii*, rose bushes, *Alchemilla Mollis* and serviceberry in between.

Des *Buxus* entrecoupés de *Taxus topiaris*, *Viburnum Mariesii*, buissons de roses, *Alchemilla Mollis* et *Amelanchier*.

Buxus partijen met daartussen *Taxus topiaris*, *Viburnum Mariesii*, rozenstruiken, *Alchemilla Mollis* en *Amelanchier*.

>>>
Two views of the pond, with two old oaks to the left and right. Serviceberry, hornbeam and two catalpas.

Deux vues sur l'étang, avec deux vieux chênes de part et d'autre. Un *Amelanchier*, des hêtres et deux *Catalpas*.

Twee zichten op de vijver, met links en rechts twee oude eiken. *Amelanchier*, beuken en twee *Catalpa's*.

Borders of *Hosta*, *Persicaria*, anemones, *Astrantia*, *Campanula 'Loddon Anna'* and geraniums.

Massifs en arrière-plan composés de *Hosta*, *Persicaria*, anémones, *Astrantia's*, *Campanula Loddon Anna* et géraniums.

Achterborders met *Hosta*, *Persicaria*, anemonen, *Astrantia's*, *Campanula Loddon Anna* en geraniums.

The leafy walkway with white wisteria.

Dans l'allée, une frondaison de *Wisteria blancs*.

De lovergang met witte *Wisteria*.

The swimming pool is surrounded by box, yew, beech and standing hornbeam.

La piscine est entourée de haies de *Buxus*, *Taxus*, *Fagus* et *Carpinus* tuteurisés.

Het zwembad is omringd door hagen van *Buxus*, *Taxus*, *Fagus* en *Carpinus* op stam.

The rose garden.

La roseraie.

Het rozentuintje.

THE GARDEN OF THE HISTORIC
COUWENBERGH FARMHOUSE

LE JARDIN DE LA FERME HISTORIQUE
DE COUWENBERGH

DE BOERDERIJTUIN VAN DE HISTORISCHE
COUWENBERGH-HOEVE

The *Couwenbergh* farmhouse, situated to the north-east of Antwerp, is a typical long-fronted farmhouse with a dwelling house,
stables and a barn dating from the 18th century, but the first recorded mentions of the property go back to the 13th century.
In 1981, this farmhouse became a listed building and the immediate surroundings were designated a protected village environment,
along with the vast heathland of the Hertogenheide and its extensive fields and woods.
Jan Joris landscaping consultancy was asked to develop a plan for the creation of a garden at the *Couwenbergh* farmhouse.

La ferme de *Couwenbergh*, située au nord-est d'Anvers, est une ferme typique en longueur.
Comprenant une habitation, des étables et une grange, elle date du dix-huitième siècle, même si les premières sources remontent au treizième siècle.
En 1981, cette ferme et le paysage environnant ont été classés en même temps
que le vaste domaine de Hertogenweide avec ses grandes étendues de prés et de forêts.
Le bureau d'études *Jan Joris* a été chargé de créer un jardin rustique en harmonie avec la ferme de *Couwenbergh*.

De *Couwenbergh*-hoeve, gelegen ten noordoosten van Antwerpen, is een typische langgevelboerderij met woonhuis,
stallen en schuur uit de achttiende eeuw, maar waarvan de eerste bronnen tot de 13de eeuw teruggaan.
In 1981 werd deze hoeve als monument en de onmiddellijke omgeving als dorpsgezicht geklasseerd, samen met het immense Hertogenheide met zijn uitgestrekte weiden en bossen.
Het studiebureau *Jan Joris Tuinarchitectuur* werd gevraagd om haar visie uit te werken voor de creatie van een boerderijtuin bij de *Couwenbergh*-hoeve.

Roads through the woodlands and countryside provide access to the property. Cart tracks on cobbled roads lead from the wood to the farmhouse, passing through country fruit gardens. The garden hedges are made of impenetrable hawthorn.
Tracks and old rows of trees in the wood have been cleared and transformed into lanes, footpaths and driveways leading to the farm. Large rhododendrons reinforce the character of the lengthy avenues.

Différents sentiers forestiers et chemins de campagne assurent l'accessibilité du domaine. Les sentiers à ornières pavés conduisent à la ferme en longeant vergers et potagers. Les jardins sont entourés d'aubépines impénétrables.
Dans le bois, de vieux arbres ont été coupés et les anciens sentiers ont été transformés en drèves, promenades et allées qui mènent à la ferme. Les massifs de rhododendrons ponctuent le caractère des drèves qui s'étirent en longueur.

Bos- en landwegen zorgen voor toegankelijkheid. Vanuit het bos leiden karrensporen in kasseistenen tussen landelijke fruittuinen naar de boerderij. De hagen van de tuinen bestaan uit ondoordringbare meidoorns.
In het bos werden oude bomenrijen en wegen vrijgemaakt en getransformeerd naar dreven, wandelpaden en oprijlanen die leiden naar de boerderij. Massieven *Rhododendron* ondersteunen het karakter van langgerekte dreven.

The cart house is concealed behind greenery.

La remise est cachée derrière un rideau vert.

Het karrenhuis is verscholen achter groen.

The garages are completely hidden from view behind tall hedges.

Les garages sont pratiquement invisibles derrière les hautes haies.

De garages zijn volledig aan het zicht onttrokken door hoge hagen van Carpinus.

A collection of box shrubs has been planted in this enclosed garden space.

Toute une collection de *Buxus* a été plantée dans une section entourée du jardin.

In een omsloten tuinruimte werd een hele collectie *Buxus* geplant.

There are lovely views from the grassy paths between the fruit gardens.

Des sentiers herbeux longent les potagers et offrent de belles vues.

De graspaden tussen de fruittuinen bieden doorzichten naar open en gesloten tuinkamers.

The old residential part of the property, dating from the 16th to the 18th century, has been fully restored to its former state. Hawthorn hedges completely enclose the old house. In the garden you can take a walk around the outside of the house, enjoying the succession of flower gardens, fragrant plant varieties, low-hanging fruit and the box garden. *Jan Joris Tuinarchitectuur* put in plants that were cultivated by the company.

L'ancienne habitation date du seizième au dix-huitième siècle et a été restaurée dans son état originel. Elle est entièrement entourée de haies d'aubépine. Le jardin permet de se promener autour de la maison et d'admirer les parterres fleuris, les variétés de plantes odorantes, les fruitiers basse tige et un jardin de *Buxus*. On y trouve également différentes formes qui ont été produites par *Jan Joris*.

Het oude woongedeelte, daterend uit de 16de tot 18de eeuw, werd volledig in haar oorspronkelijke staat gerestaureerd. Meidoornhagen omsluiten volledig het oude woonhuis. In de tuin wandelt men omheen het huis, genietend van opeenvolgende bloementuinen, geurende plantensoorten, laag fruit en een *Buxustuin*. Er werden vormen geplant die *Jan Joris* zelf kweekte.

The arrangement of the façade is a clear indication of the functions of the farmhouse. The garden design was based on the same idea. A flower garden beside the house, with old *Philadelfus*, *Deutzia*, lupins, delphiniums and other plants.
A hawthorn hedge separates this part from the central section. A terrace lies amongst tall yews, box and *Prunus Lusitanica*, all from *Jan Joris'* nursery.

Les différentes fonctions de la ferme se traduisent dans la répartition de la façade. Le concept du jardin reflète cette même vision. A proximité de l'ancienne habitation, on voit un parterre fleuri avec de vieux *Philadelfus*, *Deutzia*, *Lupinus*, *Delphiniums*, etc. Une haie d'aubépine sépare cette partie de la partie centrale. La terrasse est entourée de hauts *Taxus*, *Buxus* et *Prunus Lusitanica* provenant de la pépinière de *Jan Joris*.

De functies van de boerderij blijken duidelijk uit de gevelindeling. Ook het tuinontwerp werd vanuit eenzelfde visie geconcipieerd. Aan het oude woonhuis een bloementuin met oude *Philadelfus*, *Deutzia*, *Lupinus*, *Delphiniums* e.a. Een meidoornhaag scheidt dit deel af van het midden. Een terras ligt tussen hoge *Taxus*, *Buxus* en *Prunus Lusitanica*'s, alle van *Jan Joris'* kwekerij.

A view of a collection of box shrubs, as seen from the old house. A low box hedge and a medium-height hawthorn hedge enclose the box garden. Keeping the hedges trimmed preserves the wonderful view of the horse field.

La collection de *Buxus* vue de l'ancienne habitation. Une haie basse de *Buxus* et une haie d'aubépine mi-haute entourent le jardin de *Buxus*. La taille basse garantit une belle vue sur le pré des chevaux.

Zicht op een collectie *Buxus* vanuit het oude woonhuis. Een lage *Buxus*haag en een middelhoge meidoornhaag omsluiten de *Buxus*tuin. De lage snoei garandeert het prachtige zicht op de paardenweide.

Light and shade reinforce the perspective of the long sections of box and the hedges of various heights. The four blocks of hedges separate this space from the surrounding landscape, preserving and increasing the sense of depth.

Le jeu d'ombres et de lumières accentue la perspective créée par les espaces longs de *Buxus* et les haies à différentes hauteurs. Les quatre volumes de la haie séparent le jardin du paysage, ce qui conserve et renforce la perspective en profondeur.

Licht en schaduw versterken het perspectief van de langgerekte *Buxus*vlakken en hagen op verschillende hoogtes. De vier haagblokken sluiten deze ruimte af van het landschap, waardoor het diepteperspectief behouden en versterkt wordt.

The design by *Jan Joris* is accentuated by the perfection of the surfacing work that has been carried out.

Le concept de *Jan Joris* est mis en valeur par les dallages parfaits.

Het ontwerp van *Jan Joris* wordt nog geaccentueerd door de perfecte uitvoering van de verhardingswerken.

The two holly features will grow to become striking elements of the landscape, serving as beacons in these extensive natural surroundings.

Les deux formes de houx deviendront des éléments marquants, des balises dans ce vaste paysage naturel.

De twee hulstvormen zullen uitgroeien tot markante landschapselementen en bakens in dit immense, uitgestrekte natuurlandschap.

The luxuriant scented flower garden is protected by high hedges.

Le jardin des fleurs et des plantes odorantes est protégé par de hautes haies.

De weelderige bloemen- en geurentuin is door hoge hagen beschermd.

>>>
A harmony of different forms of hedges, blocks, shapes and natural growth, has been masterfully combined.

Les formes de haies sont harmonieusement assemblées en cubes, faces et formes organiques.

Op meesterlijke wijze worden haagvormen in blokken, vlakken en organische vormen harmonisch samengebracht.

A variety of open and closed garden spaces. The scents and colours of shrubs and perennials are essential in a farmhouse garden.

Les sections de jardin ouvertes et fermées alternent. Les odeurs et les couleurs des arbustes et des plantes sont indispensables dans un jardin de ferme.

Een afwisseling van open en gesloten tuinkamers. Geuren en kleuren van heesters en vaste planten zijn onontbeerlijk bij een boerderij.

GARDEN DESIGN AND ARCHITECTURE: A PERFECT SYMBIOSIS

PAYSAGISME ET ARCHITECTURE: UNE SYMBIOSE PARFAITE

TUINONTWERP EN ARCHITECTUUR: EEN PERFECTE SYMBIOSE

This garden, designed by *Avantgarden*, the renowned landscape architecture company from Antwerp, mainly plays a supporting role to the architecture.
It seems as though this building, a stately country house in the Flemish style, has always been there,
but it was in fact built only recently in the green countryside around Antwerp.
The relaxed, lived-in character of the house is also reflected by the garden: a timeless atmosphere in very special surroundings.

Ce jardin, créé par *Avantgarden*, une entreprise anversoise réputée dans le domaine de l'architecture de jardin et du paysagisme,
fonctionne en premier lieu comme un support architectural.
Cette belle villa flamande semble exister depuis longtemps, alors qu'elle a été récemment construite dans la ceinture verte d'Anvers.
Le vécu et le caractère décontracté de cette maison se reflètent dans le jardin par l'atmosphère intemporelle et le cadre original.

Deze tuin, ontworpen door het gerenommeerde Antwerpse bedrijf voor tuin- en landschapsarchitectuur *Avantgarden*,
heeft vooral een architectuurondersteunende functie.
De woning, een statig landhuis in Vlaamse stijl, lijkt er altijd al gestaan te hebben, maar werd pas recent gebouwd in de groene rand rond Antwerpen.
Het ongedwongen, doorleefde karakter van de woning straalt ook af op de tuin: een tijdloze sfeer in een bijzondere omgeving.

Avantgarden framed the grand driveway in front of the country house with tall hornbeam hedges and blocks. The surfacing was done in Balegem stones.

La cour, qui s'étend devant l'entrée de la villa, est entourée par Avantgarden de hautes haies et de massifs de Carpinus. Pour le dallage l'entreprise a utilisé des pavés de Balegem.

Het statige inkomplein naar de voordeur van het landhuis werd door Avantgarden omkaderd met hoge Carpinushagen en –blokken. De bestrating werd uitgevoerd in Balegemse kasseien.

>>>
In the foreground is an Acer campestre 'Queen Elizabeth'.

A l'avant-plan, on remarque un Acer campestre "Queen Elisabeth".

Op de voorgrond een Acer campestre "Queen Elisabeth".

The open driveway creates a great sense of space.

La cour ouverte procure une forte impression d'espace.

Het open inkomplein creëert een sterk ruimtelijk gevoel.

The open space in front of the garage.

L'espace ouvert devant le garage.

De open ruimte voor de garage.

Avantgarden planted a mass of yew as a green base for the house.

Avantgarden a planté un volume de *Taxus* devant la maison, comme un socle vert.

Een *Taxus*volume werd door *Avantgarden* als groene sokkel voor de woning aangeplant.

The concealed side entrance to the garden.

L'accès caché au jardin.

De verborgen zijtoegang naar de tuin.

Individual multi-trunked *Prunus* 'Autumnalis' and
Koelreuteria paniculata.

Des solitaires multitiges de *Prunus* "Autumnalis" et
de *Koelreuteria paniculata*.

Meerstammige solitairs van *Prunus* "Autumnalis" en
Koelreuteria paniculata.

Pruned clouds of *Ilex crenata* 'Convexa'.

Des nuages taillés en *Ilex crenata* "Convexa".

Gesnoeide wolken in *Ilex crenata* "Convexa".

Wide and low yew hedges.

Cadre réalisé avec des haies larges et basses de *Taxus*.

Kader in brede / lage hagen van *Taxus*.

>>>
A *Magnolia Kobe* is prominent in the foreground.

Une présence imposante: le *Magnolia Kobe*.

Prominent op de voorgrond : een *Magnolia Kobe*.

Hydrangea macrophylla 'Madame Emile Mouillère' with a multiple trunk.

Hydrangea macrophylla "Madame Emile Mouillère" multitige.

Hydrangea macrophylla "Madame Emile Mouillère" met multistam.

Bear chairs, arranged behind a section of *Descampsia*.

Bear chairs derrière un parterre de *Descampsia*.

Bear chairs, opgesteld achter een partij *Descampsia*.

Avantgarden created a raised platform by the terrace, surrounded by yew.

Avantgarden a créé un plateau surélevé, encadré par des *Taxus*.

Aan het terras creëerde *Avantgarden* een verhoogd plateau omkaderd door *Taxus*.

>>>
The remains of an old pine wood were retained.

Les restants d'une ancienne *pinède* ont été conservés.

De restanten van een oude *Pinus*bos werden behouden.

ENGLISH INSPIRATION

INSPIRATION ANGLAISE

ENGELSE INSPIRATIE

Avantgarden created this garden as the green setting for an Anglo-Norman-style house,

inspired by the oeuvre of *Sir Edwin Lutyens* (see also the book *Country Houses*, p. 44-63).

The garden is obviously English in inspiration as well, with a design that owes a great deal to the landscaped gardens of the nineteenth century.

A number of the details (for example, the borders of old English 'David Austin' roses and wrought-iron fences and gates) reinforce this impression.

By analogy with English estate owners, who would bring back plants from their distant journeys, a number of unusual trees and shrubs have also been planted in this garden.

Another typical feature is the extensive lawn. Wide yew hedges divide the various areas of the garden. The whimsical designs of the box shrubs create a lived-in impression.

Ce jardin a été créé par *Avantgarden* comme cadre vert pour une demeure anglo-normande,

inspirée de l'oeuvre de *Sir Edwin Lutyens* (voir également l'ouvrage *Demeures de campagne*, p. 44-63)

Dans ce jardin, l'inspiration anglaise est évidente: le concept est basé sur les parcs naturels du dix-neuvième siècle

Quelques détails (les parterres aux vieilles roses anglaises "David Austin", les grilles et les portes en fer forgé) renforcent cette évocation.

A l'instar des *landlords* anglais, qui rapportaient des plantes de leurs lointains voyages, *Avantgarden* a planté quelques arbres et arbustes rares.

La vaste pelouse est également une caractéristique typique. De larges haies de *Taxus* délimitent plusieurs zones du jardin.

Les *Buxus* taillés en formes étranges créent une impression de vécu.

Deze tuin werd gecreëerd door *Avantgarden* als groene omkadering bij een woning in Anglo-Normandische stijl,

geïnspireerd op het oeuvre van *Sir Edwin Lutyens* (zie ook het boek *Landhuizen*, p. 44-63).

Ook de tuin is duidelijk Engels geïnspireerd: het ontwerp is schatplichtig aan de negentiende-eeuwse landschapstuinen.

Enkele details (perken met oude Engelse "David Austin" rozen en smeedijzeren afsluitingen en poorten) versterken deze evocatie.

Naar analogie met de Engelse *landlords*, die planten meebrachten van hun verre reizen, werden ook hier enkele zeldzame bomen en struiken aangeplant.

Een ander typisch kenmerk is het uitgestrekte gazon. Brede *Taxus*hagen bakenen diverse tuinzones af.

De grillig gesnoeide *Buxus*vormen geven een doorleefde indruk.

Old box shrubs highlight this path paved with old Yorkstone slabs.

De vieilles formes en *Buxus* accentuent le sentier pavé de dalles anciennes de Yorkstone.

Oude Buxusvormen accentueren een pad geplaveid met oude Yorkstone dallen.

<<<
A green window onto the English country house.

Une fenêtre verte donne sur cette maison de campagne anglaise.

Een groen venster op het Engelse landhuis.

Direct access to the garden, which is laid with farmyard cobbles in a fan pattern.

Accès direct au jardin avec dallage en pavés fermiers, posés en éventail.

Rechtstreekse toegang tot de tuin, aangelegd met boerenkasseien in waaierverband.

A view of a garden scene with unusual *Syringa* 'Ivory Silk'. The terraces have been laid with old hand-made kiln-baked clinkers.

Vue d'ensemble avec au fond une statue de jardin et un *Syringa* "Ivory Silk" très rare. Pour les terrasses on a utilisé des klinkers anciens faits main.

Doorzicht naar tuinbeeld met zeldzame *Syringa* "Ivory Silk". De terrassen werden aangelegd in oude handgevormde vlamovenklinkers.

>>> 154-155
The side entrance to the garden with *Pyrus calleryana* 'Chanticleer' in the foreground.

Accès latéral au jardin. A l'avant-plan on aperçoit un *Pyrus calleryana* "Chanticleer".

De zij-ingang tot de tuin met op de voorgrond een *Pyrus calleryana* "Chanticleer".

>>> 156-157
In the foreground is a *Cornus kousa* 'China Girl' that has finished flowering.
In the centre of the photo, a path through a wrought-iron gate with a view of a pruned hornbeam. Some *Taxodium* in the background create an enchanting atmosphere.

A l'avant-plan un *Cornus kousa* "China Girl" à la fin de sa floraison. Au centre de la photo, on voit la porte en fer forgé qui donne sur le jardin et un *Carpinus* taillé. A l'arrière-plan, quelques *Taxodium* évoquent une ambiance féerique.

Op de voorgrond een uitgebloeide *Cornus kousa* "China Girl".
Centraal op de foto de doorgang via een smeedijzeren poortje met zicht op een *Carpinus* snoeivorm. Op de achtergrond evoceren enkele *Taxodium* een feeërieke sfeer.

Avantgarden surrounded this space with a wide yew hedge and shaped lime trees.

Avantgarden a planté tout autour de la cour une large haie de *Taxus* et des tilleuls.

Het plein werd door *Avantgarden* omkaderd met een brede *Taxus*haag en bloklindes.

Blocks of yew cut into cone shapes.

Taxus taillés en cônes.

Conisch geknipte Taxusblokken.

Discreet garden illumination from the *Logiotto* range.

Eclairage de jardin discret de la gamme *Logiotto*.

Discrete tuinverlichting uit het *Logiotto*-gamma.

Ilex crenata 'Convexa' bush.

Volume *Ilex crenata* "Convexa".

Volume *Ilex crenata* "Convexa".

Fruit trees have been trained against the southern front of the house.

Sur la façade sud des fruitiers palissés ont été plantés.

Tegen de zuidgevel werd leifruit aangeplant.

The old barn is flanked by rhododendron bushes.

L'ancienne grange est flanquée de massifs de *rhododendrons.*

De oude schuur wordt geflankeerd door *Rhododendron* massieven.

To the right is the trunk of an old pollarded mulberry tree.

A droite le tronc tordu d'un vieux mûrier.

Rechts de stam van een oude, geknotte moerbeiboom.

The orchard with its old half-standard apple varieties.

Verger avec différentes variétés anciennes de pommiers demi-tiges.

Boomgaard met halfstam oude appelrassen.

Avantgarden used rhododendrons to accentuate the landscaped character of the garden.

Pour accentuer l'aspect d'un parc naturel, *Avantgarden* a prévu des massifs de *rhododendrons*.

Het landschappelijke karakter van de tuin wordt door *Avantgarden* benadrukt met *Rhododendron*massieven.

AN AWARD-WINNING LANDSCAPED GARDEN

UN PARC NATUREL PRIMÉ

EEN GELAUWERDE LANDSCHAPSTUIN

Michel Becue and *Delphine De Witte* (*Botanique* gardens and landscaping) won the annual prize for Flemish garden contractors with this majestic garden.
The large main axis of the garden (including the gateway, drive, parking area and the courtyard leading to the rose gallery)
offers an infinite view out over the lower-lying landscape of the Flemish Ardennes.
To the right of the drive is the flower garden, the warmest spot. To the left, concealed behind large blocks of rhododendrons
and hydrangeas, is the landscaped garden, with the *gloriette* at the highest point and the landscaped pond at the lowest.
The grounds are bordered by a tall evergreen holly hedge: a perfect micro-climate for the flower borders.
The hundreds of metres of box hedges and shrubs are also a special feature of this garden.

Avec ce majestueux parc, *Michel Becue* et *Delphine De Witte* (architectes de jardin et paysagistes *Botanique*)
ont récemment remporté le prix annuel du meilleur architecte de jardin flamand.
Le grand axe visuel (formé par le portail, l'allée, le parking, la cour intérieure menant à la roseraie) offre une superbe vue plongeante sur le paysage des Ardennes Flamandes.
A droite de l'allée, on aperçoit le jardin de fleurs, à l'endroit le plus chaud. A gauche, caché par les massifs de *Rhododendrons*
et d'*Hortensias*, s'étend le parc avec la gloriette au point le plus haut et le plan d'eau au point le plus bas.
Le domaine est entouré d'une haute haie de houx à feuilles persistantes, ce qui crée un microclimat idéal pour des massifs fleuris.
Les centaines de mètres de haies et de boules de *Buxus* sont également une caractéristique typique de ce jardin.

Met deze majestueuze landschapstuin veroverden *Michel Becue* en *Delphine De Witte* (tuin- en landschapsarchitectuur *Botanique*)
enige tijd geleden de jaarlijkse prijs van de Vlaamse tuinaannemer.
De grote hoofdas (met de poort, oprit, parking, binnenkoer naar rozengaanderij) biedt een eindeloos zicht op het lager gelegen landschap van de Vlaamse Ardennen.
Rechts van de oprit ligt de bloementuin, de warmste plek. Links, verscholen achter massieven van *Rhododendron* en *Hortensia*,
ligt de landschapstuin met op het hoogste punt de *gloriette* en op het laagste punt de landschapsvijver.
De rand van het domein is omzoomd door een hoge, wintergroene hulsthaag: een perfect micro-klimaat voor de bloeiende bloemenborders.
Ook de honderden meters *Buxus*hagen en –bollen vormen een bijzonder kenmerk van deze tuin.

Magnificent views of the Flemish Ardennes, with a pair of bear chairs under a mature walnut tree in the background.

Une superbe vue sur les Ardennes Flamandes; à l'arrière-plan deux *Bear Chairs* sous un noyer adulte.

Weidse zichten op de Vlaamse Ardennen, met op de achtergrond een paar *Bear Chairs* onder een volwassen notelaar.

A view through the landscaped garden over the driveway to the inner garden and flower garden.

Perspective visuelle du parc vers le jardin intérieur et le jardin de fleurs en passant par l'allée.

Zichtas van de landschapstuin over de oprit naar de binnentuin en de bloementuin.

An open view towards the entrance, flanked by large, newly planted lime trees and box shrubs.

Perspective ouverte sur le portail, rythmée par les tilleuls et les boules de *Buxus*.

Een open zicht naar de toegangspoort, geleid door grote, geplante linden en *Buxus*bollen.

The landscaped pond is one of the eye-catching features in this *Botanique* design: landscape architects *Michel Becue* and *Delphine De Witte* like to incorporate the element of water into all of their designs.

Le plan d'eau constitue l'un des éléments-clés de cette création de *Botanique* : les architectes de jardin *Michel Becue* et *Delphine De Witte* adorent intégrer l'élément aquatique dans leurs concepts.

De landschapsvijver is één van de blikvangers in dit ontwerp van *Botanique* : tuinarchitecten *Michel Becue* en *Delphine De Witte* verwerken het element water graag in al hun ontwerpen.

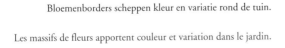

Bloemenborders scheppen kleur en variatie rond de tuin.

Les massifs de fleurs apportent couleur et variation dans le jardin.

Flower borders create colour and variety around the garden.

A box border by the west-facing sun terrace, with the park trees of Wannegem-Lede castle in the background.

Un parterre de *Buxus* près de la terrasse d'été orientée vers l'ouest. A l'arrière-plan, on aperçoit les arbres du château de Wannegem-Lede.

Een parterre van *Buxus* aan het westelijk gelegen zonneterras, met op de achtergrond de parkbomen van het kasteel van Wannegem-Lede.

Een labyrint van haagbeuk.

Un labyrinthe de charmes.

A labyrinth of hornbeam.

A view of the various terraces situated around the grounds.

Vue sur les différentes terrasses situées autour du domaine.

Zicht op de verschillende terrassen gelegen rondom het domein.

This special garden, situated in Wannegem-Lede, East Flanders, enjoys magnificent panoramas, including seventeen church towers and a number of listed windmills.

Ce jardin exceptionnel, situé à Wannegem-Lede en Flandre Orientale, offre de superbes vues sur le paysage environnant. On y découvre pas moins de dix-sept tours d'église et plusieurs moulins à vent classés.

Deze bijzondere tuin, gelegen in het Oost-Vlaamse Wannegem-Lede, geniet van prachtige vergezichten, met zeventien kerktorens en enkele geklasseerde windmolens.

The power of this *Botanique* design lies mainly in the way *Michel Becue* and *Delphine De Witte* have introduced structure and variety into this immense garden with its completely open character.

La force de cette création de *Botanique* réside surtout dans la manière dont *Michel Becue* et *Delphine De Witte* ont introduit structure et variation dans cet immense parc à caractère ouvert.

De kracht van dit ontwerp van *Botanique* schuilt vooral in de manier waarop *Michel Becue* en *Delphine De Witte* structuur en variatie hebben gebracht in een immense landschapstuin met een volledig open karakter.

THE GARDEN OF THE BIEKENSHOF ON THE LEIE RIVER

LE JARDIN DU BIEKENSHOF LE LONG DE LA LYS

DE TUIN VAN HET BIEKENSHOF AAN DE LEIE

Ludo Dierckx Tuindesign has for a quarter of a century been one of the most important gardening contractors in Belgium.
Ludo Dierckx also creates gardens, managing everything himself with the help of his professionally trained team: creating gardens, terraces, swimming pools, orangeries and other features.
The garden of the historic *Biekenshof* on the Leie river is one of his most impressive projects.

Depuis un quart de siècle, *Ludo Dierckx Tuindesign* figure parmi les entreprises de jardin les plus importantes de Belgique.
Ludo Dierckx crée également des concepts de jardins. Grâce à un team professionnel, il prend en charge la totalité des travaux, comprenant aussi bien l'aménagement du jardin, que la réalisation de terrasses, de piscines, d'orangeries, etc.
Le jardin qu'il a réalisé pour le *Biekenshof* historique sur la Lys, est l'un de ses plus beaux projets.

Ludo Dierckx Tuindesign is al een kwart eeuw lang één van de belangrijkse Belgische tuinaannemingsbedrijven.
Daarnaast creëert *Ludo Dierckx* ook tuinen, en zorgt hij er dankzij een professioneel opgeleid team voor dat alles in eigen regie wordt verzorgd:
de aanleg van tuin, terrassen, zwembad, de bouw van orangerieën, ...
Het tuin van het historische *Biekenshof* aan de Leie is één van zijn mooiste projecten.

The boathouse was designed by *Ludo Dierckx* and built in oak by his team. He also created the fountain.

La remise à bateaux a été dessinée par *Ludo Dierckx* et réalisée en chêne par son team. La fontaine vient également de sa main.

Het boothuis werd door *Ludo Dierckx* ontworpen en door zijn team uitgevoerd in eiken. Ook de fontein is van zijn hand.

From the terrace, built of bluestone, there is a magnificent view of rows of old pear trees.

Depuis la terrasse en pierre bleue, on a une belle vue sur des rangées de vieux poiriers.

Vanaf het terras, uitgevoerd in blauwe hardsteen, heeft men een prachtig zicht op rijen oude perelaars.

The difference in levels is toned down by the pruned box shrubs.

La différence de niveau est atténuée par des formes taillées de *Buxus*.

Het niveauverschil wordt verzacht door de gesnoeide *Buxus*vormen.

A detail of the horizon swimming pool.

Détail de la piscine à débordement.

Detail van het overloopzwembad.

Old pear trees have also been planted by the side of the building.

La façade latérale a également reçu des vieux poiriers.

Ook aan de zijgevel werden oude perelaars geplant.

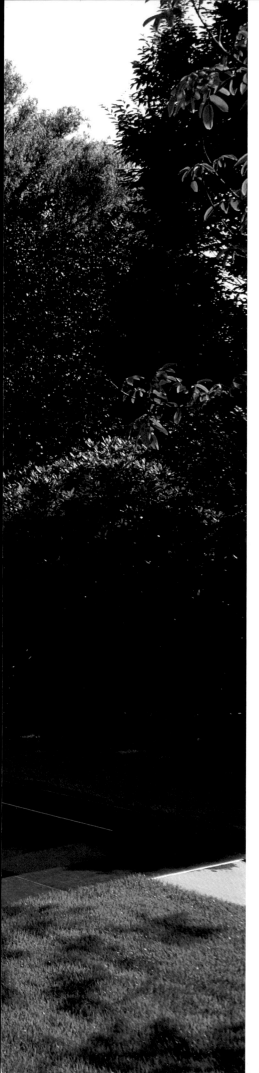

Ludo Dierckx decided on a horizon pool that blends seamlessly
with the surroundings: perfect, natural integration.

Ludo Dierckx a opté pour une piscine à débordement en
harmonie avec le cadre naturel, formant ainsi une parfaite
intégration naturelle.

Ludo Dierckx opteerde voor een overloopzwembad dat naadloos
overgaat in de omgeving : een perfecte, natuurlijke integratie.

The garden of the *Biekenshof* was completely designed and created by *Ludo Dierckx*: everything, including the terraces, the illumination and the fountain, follows his design.

Le jardin du *Biekenshof* a été entièrement conçu et réalisé par *Ludo Dierckx*, qui a également signé les terrasses, l'éclairage, la fontaine, etc.

De tuin van het *Biekenshof* werd volledig door *Ludo Dierckx* geconcipieerd én uitgevoerd : ook de terrassen, verlichting, fontein, ... zijn van z'n hand.

To the left is a high yew bush; to the right of the terrace is a box shrub.
The terrace adjoins the boathouse, which is situated on the Leie river.

Un *Taxus* taillé haut flanque la terrasse à gauche, un massif de *Buxus* à droite.
La terrasse mène jusqu'à la remise à bateaux au bord de la Lys.

Links een hoge *Taxus*struik, rechts van het terras een *Buxus*massief.
Het terras sluit aan bij het boothuis, gelegen aan de Leie.

STRUCTURE AND VARIATION
BETWEEN NATURE AND LANDSCAPE

STRUCTURE ET VARIATION
ENTRE NATURE ET PAYSAGE

STRUCTUUR EN VARIATIE
TUSSEN NATUUR EN LANDSCHAP

This landscaped garden was created around five years ago by *Jan Joris* landscaping consultancy.

Over an extended section of countryside, the avenues through the meadows were reassessed and extended and new ones were created.

The straight lines of this network of avenues were carefully combined with the playful forms of the landscaped garden.

Ce parc naturel a été réalisé il y a cinq ans par *Jan Joris*.

Dans un vaste paysage, les drèves qui longent les prés, ont été remises en état et prolongées et de nouvelles drèves ont été réalisées.

Cette structure rectiligne contraste joliment avec les formes gracieuses du jardin.

Deze landschappelijke tuin werd een vijftal jaar geleden gerealiseerd door *Jan Joris Tuinarchitectuur*.

In een uitgestrekt landschap werden tussen de weiden dreven geherwaardeerd, doorgetrokken en nieuwe dreven verwezenlijkt.

De rechtlijnigheid van deze structuur werd op een doordachte manier gekoppeld aan de speelse vormen van een landschappelijke tuin.

The six-metre-high *gloriettes* of wisteria and clematis introduce new views and a sense of dimension into the sections of the fruit garden.

Dans les compartiments du verger, les gloriettes de six mètres de haut, couvertes de *Wisteria* (glycine) et de *Clematis*, créent de belles dimensions et perspectives.

In de compartimenten van de fruittuin brengen de zes meter hoge glorietten van *Wisteria* (blauwe regen) en *Clematis* dimensie én doorzichten.

The two pruned balls of *Pyrus salicifoia 'Pendula'* welcome visitors to the wood.

Les deux *Pyrus salicifoia 'Pendula'*, taillés en boule, accueillent les visiteurs dans le bois.

De twee bolvormig gesnoeide *Pyrus salicifoia 'Pendula'* verwelkomen de bezoekers in het bos.

Light and shade on the box shapes and spheres.

Jeu d'ombre et de lumière sur les formes et les boules de *Buxus*.

Licht en schaduw op de *Buxus*vormen en –bollen.

From the wood, the visitor has a view of a
bank covered with *Pennisetum*.

Depuis le bois, le visiteur a une belle vue sur
une pente couverte de *Pennisetum*.

Vanuit het bos heeft de bezoeker zicht op
een heuvelrug begroeid met *Pennisetum*.

The curving, free forms of ponds, streams and hedges introduce
a relaxed atmosphere into the landscaped garden.

*Les courbes gracieuses des étangs, des ruisseaux et des haies
créent une atmosphère naturelle.*

De gebogen, losse vormen van vijvers, beken en hagen brengen
ongedwongenheid in de landschappelijke tuin.

The bridges were specially made by *Jan Joris*.

Les ponts ont été réalisés sur mesure par *Jan Joris*.

De bruggen zijn door *Jan Joris* op maat gemaakt.

A hydrangea garden.

Un jardin d'hortensias.

Een *Hortensia*tuin.

From this spot, you can view
the marshland vegetation.

Un endroit idéal pour observer
la végétation marécageuse.

Vanaf deze plek kan men de
moerasvegetatie observeren.

>>>
Curves and rounded shapes support each
other and ensure constant variety.

Les formes courbes et rondes se complètent et
créent un rythme varié.

Gebogen en ronde vormen ondersteunen
elkaar en brengen voortdurend afwisseling.

Oak trees have been added to extend the existing avenues through the meadows. Gates and fences separate the horse- and sheep-meadows.

Les drèves existantes ont été prolongées. Entre les différents prés, des chênes ont été plantés. Des grilles et des barrières séparent les prés des chevaux et des moutons.

Bestaande dreven werden doorgetrokken met eiken tussen de verschillende weiden. Poorten en hekken scheiden paarden- en schapenweiden.

>>>
The hedge and the stream create a deliberate boundary between the landscaped garden and the wood.

La haie et le ruisseau créent une transition voulue entre le jardin naturel et le bois.

De haag en de beek zorgen voor een bewuste overgang tussen landschappelijke tuin en bos.

The contrast between the landscaped garden and the avenues of the fruit garden and the meadows can be seen most clearly from the terraces and the house.

Le contraste entre le parc naturel et les drèves du verger et des prés se remarque le mieux au départ des terrasses et de l'habitation.

Het contrast van de landschappelijke tuin met de dreven van de fruittuin en de weiden zijn het sterkst te voelen vanaf de terrassen en de woning.

A LANDSCAPE GARDEN

UN JARDIN PAYSAGER AUTOUR DE L'EAU

LANDSCHAPSTUIN ROND HET WATER

This landscape garden is situated in the north of Antwerp.

Four years ago, *Jan Joris* landscape consultancy was asked to develop and implement a design for this garden.

The creative and well-considered plan resulted in the crosswise construction of a long water channel and a grassy bank in just the right position.

The overspill from the higher-positioned water channel flows into a lower area of water.

Different atmospheres and sections of the garden alternate around the water.

Jardin paysager situé au nord d'Anvers.

Il y a quatre ans, *Jan Joris* a été chargé d'élaborer un concept et de le concrétiser.

Un canal et un talus herbeux ont été implantés en croix.

Le trop-plein du canal débouche sur un plan d'eau situé en contrebas.

Les sections du jardin et les différentes ambiances se succèdent autour de l'eau.

Deze landschapstuin is gelegen in het noorden van Antwerpen.

Vier jaar geleden werd aan *Jan Joris Tuinarchitectuur* gevraagd om een visie uit te werken en te realiseren.

Op creatieve en doordachte wijze werden een lang waterkanaal en een grasberm op de juiste plaats kruiselings ingeplant.

De overloop van het hoger waterkanaal mondt uit in een lager gelegen watervlak.

Verschillende tuindelen en sferen wisselen elkaar af rond het water.

The various axes through the back garden combine in a playful manner.

Dans la partie arrière du jardin, les différents axes alternent de manière gracieuse.

In de achtertuin wisselen de verschillende aslijnen elkaar op speelse wijze af.

There is a variety of views through the *Metasequoia glyptostroboides*. A succession of different perspectives meets the eye, presenting ever-changing tableaux.

Les *Metasequoia glyptostroboides* offrent plusieurs perspectives. Les vues en profondeur se succèdent sur des tableaux variés.

De *Metasequoia glyptostroboides* bieden verschillende doorzichten. Dieptezichten volgen elkaar op; de effecten zorgen voor afwisselende taferelen.

>>>

The garden is split into three. The first section, along the main terrace, is bordered by two columns of *Metasequoia*.

The bedrooms enjoy a view of the meadow landscape beyond the garden and of a collection of box shrubs with the rose and box gardens behind.

Le jardin est divisé en trois sections. La première, située à la terrasse principale est bordée de deux *Metasequoia* en colonne.

Dans les chambres à coucher on découvre une belle vue sur les prés, au loin, sur la collection de *Buxus* taillés en différentes formes et sur le jardin des roses et des *Buxus*.

De tuin is in drie verdeeld. Het eerste deel, gelegen aan het hoofdterras, wordt afgesloten met twee zuilvormige *Metasequoia*.

Vanuit de slaapvertrekken geniet men van het zicht op het achterliggende weidelandschap en op een collectie *Buxus*vormen met daarachter de rozen- en *Buxus*tuinen.

The bridge designed and created by *Jan Joris* links the various parts of the garden.

Le pont, conçu et réalisé par *Jan Joris*, relie les différentes sections du jardin.

De door *Jan Joris* zelf ontworpen en gerealiseerde brug verbindt de verschillende delen van de tuin.

The garden of roses and box has a view over the horse meadow.

Du jardin des roses et des *Buxus* on aperçoit le pré des chevaux.

De rozen-*Buxus*tuin biedt een zicht op de paardenweide.

ADDRESSES

ADRESSES

ADRESSEN

Avantgarden nv

Turnhoutsebaan 385

B – 2110 Wijnegem

T +32 (0)3 353 68 64

F +32 (0)3 353 07 50

www.avantgarden.be

info@avantgarden.be

Ballmore

Tree nursery and contractors for the landscaping

and restoration of timeless gardens /

Pépinière - entreprise de conception

et de restauration de jardins intemporels /

Boomkwekerij en aanleg en restauratie

van tijdloze tuinen

Melkouwensteenweg 139

B - 2590 Berlaar

MOB +32 (0)477 66 34 84

T/F +32 (0)15 25 36 70

info@ballmore.com

Botanique bvba

Garden and Landscape Architecture

Michel Becue / Delphine De Witte

Markt 8 bus 4

B – 9890 Gavere

T +32 (0)9 329 46 42

F +32 (0)9 329 46 61

MOB +32 (0)477 90 56 09

www.tuinenbotanique.be

botanique@pandora.be

De Clerck Bernard

Architect

Aarselestraat 26

B – 8700 Aarsele

T +32 (0)51 63 61 39

F +32 (0)51 63 52 15

info@bernarddeclerck.be

Dierckx Ludo Tuindesign bvba

Voorteinde 85

B - 2260 Westerlo

T +32 (0)14 54 75 73

F +32 (0)14 54 81 83

www.ludo-dierckx.be

info@ludo-dierckx.be

Ingelaere Pieter

Garden Architecture

Greenhouse Nurseries

Legeweg 370

B – 8200 Brugge St. Andries

T +32 (0)50 31 40 32

F +32 (0)50 31 29 38

www.greenhouse.be

Groep Moris

Rameyenstraat 10

B – 2590 Berlaar – Gestel

T +32 (0)3 482 43 74

www.groepmoris.com

info@groepmoris.com

Jan Joris Tuinen

Gardens

Heislagsebaan 153

B – 2930 Brasschaat

T +32 (0)3 651 94 70 / +32 (0)3 653 05 90

F +32 (0)3 653 05 32

www.janjoristuinen.be

info@janjoristuinen.be

Verlinden Vincent

Garden and Landscape Architect

Mullemstraat 12

B – 9700 Oudenaarde (Mullem)

T +32 (0)9 384 46 80

F +32 (0)9 384 14 47

PUBLISHER

BETA-PLUS
Termuninck 3
B - 7850 Enghien
www.betaplus.com
betaplus@skynet.be

CO-PUBLISHER THE NETHERLANDS
Terra, Warnsveld

PHOTOGRAPHERS
Jo Pauwels
(except p. 176-189 M. Verbelen)

DESIGN
Polydem - Nathalie Binart

TEXT
Wim Pauwels

ENGLISH TRANSLATION
Laura Watkinson

TRADUCTION FRANCAISE
TxT-Ibis

ISBN
English version   9077213589
Version française 2-930367-38-5
Nederlandstalige versie 9077213503

D/2006/8232/13

NUGI 648-656